Segredos para os Influenciadores:

Hacks para o Twitch

Tabela de Conteúdos

Guia completo para o potencial de crescimento no Twitch   5

Descobrir, o que é Twitch?   5

Do que depende o crescimento no Twitch?   7

Pagamento de Prime Gaming e subscrições de canais   10

Como melhorar a segurança do Twitch   11

Aprenda a transmitir no Twitch   12

O que precisa de saber para configurar o Twitch: Painel de Controlo   13

Conhece os truques da configuração do Twitch?   18

Como ganhar seguidores no Twitch   20

Como se pode ganhar dinheiro com o Twitch   25

Descubra o que é o Twitchcon   26

O que é preciso para criar um canal de sucesso no Twitch   28

De que tipo de software precisa para transmitir no Twitch?   29

Como transmitir a partir de consolas de videojogos   30

Como transmitir no Twitch a partir de um PC   31

Como transmitir no Twitch a partir da Xbox One   32

Como transmitir no Twitch com a PS4   33

Como transmitir no Twitch usando o Nintendo Switch   35

Como captar os momentos mais épicos no Twitch   35

Dados de marketing digital do Twitch para 2021   37

As tendências que precisa de conhecer sobre o Twitch   40

A razão pela qual o Twitch precisa de estratégias de marketing 46

Como diversificar o seu público 47

Os melhores jogos que precisa de conhecer para o Twitch 52

Estratégias para aumentar o envolvimento no Twitch 62

Algoritmo de contração que dificulta o seu crescimento 67

Tudo sobre os robots Twitch e as suas funções 69

Aprender a usar um robot para conversas de Twitch 71

A lista obrigatória dos melhores chatbots a utilizar no Twitch 74

O hack gratuito para Twitch.tv 2021 que precisa 77

Os hacks mais bem pagos para o Twitch 79

Pode proibir uma conta por usar hack ou bot? 80

Descobrir como aumentar e falsificar os números de espectadores no Twitch 81

Conheça os Twitch Bots de topo 82

Guia completo para o potencial de crescimento no Twitch

Quer ter o melhor impacto possível no Twitch, por trás desta plataforma encontra uma grande oportunidade para aumentar os seus seguidores com as acções certas, precisa de conhecer todo o tipo de truques para ter sucesso nesta comunicação social que está a dar cada vez mais pessoas que amam este canto digital.

Descobrir, o que é Twitch?

Por detrás do Twitch está o desenvolvimento de uma plataforma dedicada ao streaming, que está cada vez mais na moda por essa razão precisa de conhecer em profundidade este serviço para poder tirar o máximo partido de cada função, através deste guia poderá criar a sua conta e transmitir conteúdos que sejam atractivos.

Desde 2011 a chegada do Twitch gerou bons sentimentos no mundo online, de facto surgiu como uma plataforma secundária e a sua utilidade foi tão elevada que se tornou a principal, ao ponto de ficar à sombra da Amazónia, o que é um reflexo do número de utilizadores que acolhe esta plataforma de streaming de videojogos.

A maioria dos jogadores hoje em dia seguem e desfrutam de um canal Twitch, este é ideal para desfrutar de streaming ao vivo, suporta todo o tipo de temas mas o que adquiriu mais poder é o dos jogos de vídeo, também as streamers têm acesso para interagir em tempo real com cada um dos seguidores.

O serviço assemelha-se amplamente ao YouTube, e essa semelhança estende-se a ter um elevado nível de tráfego, mas diferencia-se com certas características para dar ou receber dicas, ao ponto de se tornar o melhor serviço de transmissão de jogos de vídeo com mais de 3,8 milhões de canais disponíveis.

A utilização por detrás do Twitch

Para ter acesso ao Twitch apenas para ver conteúdos, não há necessidade de se registar, mas se quiser ser uma streamer é necessário criar uma conta, o que torna importante relacionar-se com a categoria de conteúdos, para além da incorporação de tags porque isso ajuda a pesquisa nesta plataforma para o colocar numa posição melhor.

As transmissões relacionadas com os tags aproximam cada seguidor do conteúdo que transmite, estes não são mais do que palavras em cinza que se encontram abaixo do directo, este tipo de palavras estão associadas a tendências e se quiser que o seu conteúdo faça parte delas só tem de colocar as tags que correspondem.

É preciso ter em conta que dentro da categoria se obtêm duas secções extra, tal como são vídeos e clips, através de cada uma delas encontrará conteúdos diferidos, estes provêm de gravações ao vivo de outros dias, a diferença entre uma secção ou outra é que os clips são fragmentos dos melhores momentos de uma gravação.

O Twitch pode ter muitos usos e uma grande diversidade de conteúdos, por isso é um meio original para fornecer conteúdos de primeira classe, ao ponto de encontrar conteúdos jornalísticos que tenham causado bons sentimentos sobre o público, é uma oportunidade para colocar tópicos interessantes da sua preferência.

Do que depende o crescimento no Twitch?

Uma vez que tenha um canal, o principal objectivo é conseguir seguidores, para além de cada seguidor poder contar ou receber notificações ao publicar novos conteúdos, é importante que se mantenha afastado de comentários odiosos e discriminatórios, porque esta é razão suficiente para denunciar o criador do conteúdo.

Uma função a considerar é também a função de mensagens para manter viva a interacção do canal com os utilizadores, com a qualidade de adicionar amigos para criar alianças, ou formar uma lista de utilizadores para obter algum contacto interessante, o essencial é manter viva essa ligação social para receber a atenção de mais utilizadores.

Porque é que os Twitch streamings estão a ganhar popularidade

Quando se quer ter sucesso no Twitch, pensar na criação de conteúdos é uma necessidade, porque a dinâmica é fazer com que as pessoas queiram ver os outros jogar, mas para que haja esse tipo de interesse que para muitos é muitas vezes incompreensível, é necessário apresentar ideias inovadoras para fazer um canal realmente popular.

Os temas que melhor se adaptam a esta plataforma são aqueles que fornecem demonstrações ou versões avançadas de jogos que têm uma grande audiência, um dos exemplos mais claros é Call of Duty, onde cada fã pode obter os detalhes que mais lhe interessam e até desfrutar de uma antevisão.

Para escolher uma tendência há muitos sites que fornecem informações sobre os jogos que são ideais para o seu canal, com esse tipo de dados só resta a tarefa de estudar a fundo o tema que pretende apresentar, ser streamers é uma dedicação a descobrir o melhor de um jogo para publicar um momento divertido e interessante.

Uma decisão inicial é definir o tipo de tema que vai representar no canal, isto é importante para trazer à tona ou expor o seu lado forte para recriá-lo com cada conteúdo, procurando sempre ser inovador com o tema sem negligenciar o carisma, o papel desempenhado por uma serpentina é fundamental.

O interesse por um conteúdo não se baseia apenas no título, mas os seguidores demonstram grande lealdade através dos seus comentários e sobretudo com a personalidade através do tema do canal é recriado, embora o que todos procuram sejam canais onde saibam realmente tocar e haja algo de novo a observar.

Há muitos factores por detrás das razões pelas quais um canal ganha popularidade, mas é uma grande inspiração seguir de perto as acções de estrelas milionárias em linha como ElRubius, que se tornou uma figura importante nesta plataforma, ganhando até 4,3 milhões de euros num ano.

Normalmente os ganhos das serpentinas mais populares estão em torno da figura acima, especialmente para aqueles que se destacam neste meio como o AuronPlay, ao rever este tipo de exemplos pode compreender o tipo de tráfego disponível, e a forma como estes números foram escalados, é um exemplo a seguir.

Pagamento de Prime Gaming e subscrições de canais

Como o Twitch está a causar cada vez mais atracção, vem a dúvida sobre cada utilizador ou motivação para pagar uma subscrição, este tem um modo principal que é chamado de Prime Gaming que anteriormente recebeu o nome de Twitch Prime, o benefício disto é que pode encontrar jogos gratuitos juntamente com itens populares.

Esta operação da Prime Gaming deve-se à inclusão com a Amazon Prime, graças à Amazon comprou o Twitch em 2014, por isso quando paga uma subscrição, já tem a outra, estão sincronizados, o custo no Twitch tem uma taxa mensal de 4 euros por mês com a oferta de acesso ao Amazon Prime.

Mas a conformação de um canal é uma criatividade a 100%, uma vez que podem ser oferecidas assinaturas individuais, para que um utilizador possa usufruir de um pagamento em troca de grandes vantagens, pois cada assinatura tem um plano básico de vantagens, que destaca a facilidade de eliminar anúncios após a transmissão e um chat exclusivo. Além disso, é a possibilidade de fornecer e criar um catálogo de vídeos disponível apenas para assinantes deste tipo, estes benefícios favorecem o tema estético e ajudam a desbloquear muitas funcionalidades, esse tipo de apoio financeiro não causa nada além de um estímulo directo ao criador do canal.

Como melhorar a segurança do Twitch

Integrando Twitch no browser que utiliza diariamente, pode observar atentamente as opções encontradas nas definições do perfil, pois existe uma secção de segurança e privacidade para combater hackers que possam querer tocar e afectar a sua conta, pelo que é melhor prevenir com estas alternativas. A primeira coisa a ter em conta para evitar problemas no Twitch é criar uma palavra-passe segura, é preciso que seja longa, combinada entre maiúsculas e minúsculas, bem como incorporar números ou sinais de pontuação, a intenção é que seja única, depois é vital cobrir a etapa de autenticação em duas etapas.

É muito útil ter estas medidas de segurança para que mais ninguém possa ter acesso à conta se não for através do número de telefone ou endereço de e-mail, para que possa contar com a concepção de uma conta segura, mas sobretudo com a tranquilidade de criar conteúdos e não ter problemas deste tipo.

Aprenda a transmitir no Twitch

A radiodifusão no Twitch é muito simples em geral, é apenas necessário ter em conta a configuração que é normalmente escondida para alguns, mas com este passo a passo não terá qualquer problema:

- 1- Abrir OBS Studio, deve tê-lo descarregado previamente.

- 2- Uma vez descarregado, clique em "Ficheiro" e depois em "Configuração" para encontrar a opção "Emissão".

- 3- Ao escolher um tipo de emissão deve dirigir-se àquele que oferece o "Serviço de Retransmissão".

- 4- Uma vez encontrados os serviços, pode ir a "Twitch".

- 5- Quando no Servidor pode contar com a opção "Automático (Recomendado)".

- 6- Na opção Broadcast key é onde se deve colar a chave que surge para a emissão do canal Twitch.

Para descobrir onde se encontra a chave de difusão do Twitch, deve iniciar sessão na conta do Twitch, uma vez que esta etapa esteja concluída, pode clicar depois do nome de utilizador onde se encontra o seu avatar, este aparece no canto superior direito, onde pode aceder ao "Painel de Controlo" e introduzir as definições do canal.

Quando estiver na opção de canal, deve localizar a opção "Main Broadcast Key", onde deve clicar no botão "Show", é importante que leia o aviso que aparece depois desta opção, quando concordar deve clicar em "Understood", dessa forma pode obter a chave de difusão do Twitch e entrar no OBS.

O que precisa de saber para configurar o Twitch: Painel de Controlo

É importante conhecer a configuração a aplicar no Twitch especialmente porque é uma plataforma para Streamers, por isso tem uma configuração a ter em atenção, para ter acesso a cada uma das funções e obter o canal para obter a relevância que se espera ganhar dinheiro com a criação do conteúdo.

Em primeiro lugar, deve dominar cada função encontrada dentro da plataforma para que possa realizar configurações básicas onde se destacam as seguintes opções encontradas no painel de controlo:

- Em directo

Esta alternativa é conhecida como informação difundida, para encontrar o título da emissão, para além das notificações provenientes da emissão em directo, a categoria e o tipo de etiquetas a utilizar juntamente com a língua, que incorpora o título onde tem 140 caracteres disponíveis para criar um tema atractivo.

Por outro lado, existem as notificações de transmissão em directo, sendo uma mensagem que cada seguidor recebe quando está a transmitir em directo, é importante apelar a uma chamada de atenção que seja eficaz, para alcançar este efeito tem 140 caracteres para alcançar esta missão.

Após a secção de categorias ser o jogo a que vai dedicar a emissão, deve considerar que Twitch ordena cada emissão

14

por categorias, para que não possa ignorar isto mas escolher a categoria certa para que cada vez mais espectadores possam aceder ao seu conteúdo.

No caso das etiquetas, são recursos importantes, porque pode alcançar um elevado nível de rastreio com elas, para além do aspecto linguístico, tudo depende da língua utilizada na estafeta, porque isto gera um tipo de acesso para que o possam ajudar de uma forma eficiente.

- Extensões

A missão das extensões é uma série de aplicações ou plugins que podem ser instalados para obter uma grande configuração nas suas emissões, ganhando assim atenção após o conteúdo transmitido num canal, existem várias extensões que se adaptam aos seus objectivos com grande facilidade.

- Realizações

Os sistemas de realização também estão presentes na plataforma Twitch, uma vez que é possível ultrapassar as utilidades desbloqueadas, de modo a poder trazer à tona essas habilidades como uma serpentina com total facilidade, para lidar com a obtenção de mais características à medida que se progride como protagonista dessa conta.

- Eventos

Antes da alternativa dos eventos, é uma operação que imita a mesma dinâmica oferecida pelo Facebook, onde se tem a atribuição de publicar uma imagem como forma de publicidade com todos os dados, esta é utilizada como ocasião especial para gerar uma atmosfera de expectativa que se traduz numa grande margem de tráfego.

- Actividade

O resumo de toda a actividade que é pertinente para a conta encontra-se por detrás desta secção, baseia-se num histórico abrangente para encontrar as modificações, e também as transmissões juntamente com outros detalhes, acompanhando assim de perto o crescimento de uma conta e os pendentes.

- Ferramentas de transmissão

Para criar emissões pode contar com ferramentas que o ajudam a ter a certeza de que nada falta quando decide gerar conteúdo em directo, há toda uma série de funções gratuitas e pagas, a maioria delas contam com OBS como solução, o importante é aprender sobre cada ferramenta para a utilizar à sua maneira.

- Análise

Esta é uma secção ideal para encontrar todos os dados que são gerados sobre a transmissão, pode encontrar informação demográfica sobre os seus espectadores, bem como o tempo de reprodução para que o conteúdo siga essa direcção, este tipo de indicação é importante para uma streamers.

Para rentabilizar, é essencial dedicar maior importância a estes resultados para crescer exponencialmente, por isso, ao fazer a retransmissão estas considerações são traduzidas num ponto de partida vital, uma boa informação ajuda a criar estratégias, tudo surge do estudo de cada dado para ser uma ajuda.

- Vídeos

Através desta alternativa pode encontrar a oportunidade de publicar vídeos editados, bem como aqueles que gravou e que podem ser publicados como falsos ao vivo, ao ponto de formar uma colecção, de encontrar videoclipes que são de outras serpentinas e pode tê-los para os ver em qualquer altura.

Conhece os truques da configuração do Twitch?

A configuração é uma parte essencial do painel de controlo, esta é uma secção muito importante para se tornar uma serpentina de grande distinção, pelo que se deve pôr em prática os seguintes pontos:

- Canal

Após a opção de canal pode encontrar a chave de retransmissão para que a possa utilizar no OBS, a esta é adicionado o poder de salvar ou não as emissões que fez algum tempo antes, há um período de 14 dias para esta opção, no caso de utilizadores Prime, parceiros ou também turbo com 60 dias para que as emissões não sejam perdidas.

Para além das alternativas é a incorporação de conteúdos adultos que podem fazer parte do seu canal, não se trata de transmitir cenas com ameaça ou pornografia, mas sim de alguns conteúdos inadequados que podem ser excluídos da plataforma, pelo que se recomenda que esta opção possa ser activada como precaução.

Por outro lado, pode escolher a preferência de optimização, para que a qualidade do vídeo possa ser ajustada de modo a que o fluxo possa corresponder às suas expectativas, esta é uma óptima saída para diminuir os recursos do PC, com o clique na baixa latência, são configurações que podem diminuir todo o stress para si.

A questão das permissões no Twitch é um passo para que outras pessoas possam transmitir no seu canal, isto torna-se útil quando se trata de revistas de jogos de vídeo, ou qualquer outro tópico onde mais pessoas irão participar, onde toda a actividade está concentrada num único canal.

Outro tipo de dica que pode ser aplicada para que as serpentinas possam criar um canal muito mais marcante e cheio de qualidade, é a inclusão de um banner para o leitor de vídeo, para que quando o canal for desactivado possam entrar para encontrar os vídeos anteriores, sem terem de ser saudados pelo ecrã preto.

O tema dos papéis ajuda a distribuir as permissões da plataforma com outros utilizadores, no caso da nomeação de um editor é um utilizador que tem os mesmos poderes que o proprietário do canal, enquanto o moderador é responsável pelo controlo do chat e os VIPs são membros proeminentes da comunidade.

Finalmente, há as definições de moderação, onde pode gerir o chat, para gerir a forma como o podem contactar, é uma medida importante para assegurar a melhor interacção, para desfrutar disto é necessário verificar por e-mail.

Como ganhar seguidores no Twitch

Desde que esteja ciente de cada função de configuração que o Twitch fornece, pode construir uma conta realmente atraente, onde a ideia é que pode jogar o seu conteúdo no OBS sem problemas, tendo claro o tipo de jogo com que vai começar, resta apenas começar a ser uma grande streamer. Embora ganhar seguidores nesta plataforma não aconteça da noite para o dia, especialmente com milhares de canais em todo o mundo, o essencial é oferecer conteúdos originais e saber usar truques inovadores para acelerar o impacto que se pode causar na audiência, embora existam passos chave para chegar a esse ponto, tais como os seguintes:

- Descubra o tipo de Streamer que deseja ser

Uma conta precisa de uma identidade, por isso a primeira dúvida é sobre o que será, se um único jogo específico, ou se são todos os lançamentos que estão em tendência, a isto se junta a decisão do tipo de consola a utilizar, pode ser um

PC, PS4, Xbox ONE ou mesmo Nintendo Switch essas são decisões iniciais que marcam um estilo.

- Construir uma estratégia para ganhar interesse

É importante que antes de se aventurar no Twitch, tenha em mente que não se trata de transmitir para o seu próprio interesse sem oferecer entretenimento, uma vez que existe uma grande margem de competição, pelo que necessita de ter um conteúdo diferente onde possa testar as suas capacidades e os novos truques que tem.

- Determinar o conteúdo mais adequado

No desejo de ter a sua própria comunidade, deve apresentá-los com dicas e truques que podem fazer com que obtenha as respostas que procura sobre um jogo, combinado com uma personalidade envolvente que é conhecedora mas divertida para apreciar a duração do conteúdo sem percalços. Há muitas formas de fazer uma emissão de Twitch quando se trata de temas, o importante é que se possa sentir confortável, mas acima de tudo que se esteja a desfrutar do que se faz, porque isso no final pode ser transmitido aos utilizadores e é uma óptima forma de rentabilizar à medida que se aspira.

- Estabelecer objectivos e ser consistente

Uma serpentina deve estar empenhada nos seus objectivos, para o conseguir precisa de agir como profissional, porque se cuidar do seu canal, tem o cuidado de seguir as horas convenientes para ganhar audiência, com o tempo ganhará reputação, trata-se de exercer uma grande continuidade no horário e no objectivo que estabeleceu para si próprio.

• Organiza eventos ou rifas de vez em quando

Nada se torna mais excitante do que seguir de perto um relato que emite freebies, por isso, para que os seguidores tenham mais dedicação ao seu conteúdo, não há dúvida de que uma grande motivação é oferecer um sorteio, para que tenha uma grande oportunidade de fisgar mais pessoas ao seu conteúdo.

• Cria estratégias de crescimento em outras redes sociais

Twitch é conhecida como uma rede social, mas a conta que criou nesta plataforma, deve ser exposta noutras redes sociais para também ganhar mais atracção, pelo que o seu projecto necessita de um plano de redes sociais, onde obtenha tráfego ou audiência da Instagram, Twitter ou Facebook para o Twitch.

O envolvimento com mais seguidores é um grande sinal de sucesso para cada conta do Twitch, desde que seja possível gerar mais interacção, será uma grande vantagem partilhar conteúdos com outras serpentinas, é uma ajuda ou apoio de todas as redes sociais para que uma ideia possa crescer em todos os sentidos.

- Participar em eventos e criar alianças

No mundo dos jogos há muitos eventos que pode considerar, estes tipos de encontros podem ser usados como uma espécie de trampolim para ganhar mais influência no mundo dos jogos, trata-se de transformar o seu canal numa profissão ao ponto de monetizar com outras serpentinas da indústria.

- Reforça as necessidades de design gráfico

Um canal deve estar em conformidade com o maior detalhe possível, por esta razão é uma obrigação de investir em ferramentas online que podem ser de grande ajuda para emitir uma grande presença nesta plataforma online, o objectivo é que cada seguidor possa ser cativado quando entrar no seu canal.

- Utilizar outros canais para retransmitir

23

Para além do Twitch, recorrer a outras opções de transmissão ajuda o seu conteúdo a ser capturado por uma grande audiência, pode confiar no Facebook Live bem como no YouTube, tudo vale quando se trata de melhorar a sua presença, dessa forma os seguidores podem então migrar para a sua conta e ajudá-lo a crescer.

- Explorar técnicas para ganhar mais atenção

Estudar os espectadores através do neuromarketing é uma opção disponível para antecipar e conhecer as suas expectativas, pode também ajustar o seu conteúdo ao que é mais apelativo para a sua comunidade, usando truques que os podem fazer ficar sintonizados com o seu canal, de um ponto de vista mais emocional, em oposição à análise de dados.

- Apela a estratégias básicas de acompanhamento

Quando se começa no Twitch, pode-se escolher alternativas como o popular "siga-me e eu sigo-o", em alguns casos avançados isto não deixa uma boa imagem, mas quando se trata de formar um canal a partir do zero, tudo muda, este tipo de acções funcionam para começar mas não se recomenda a continuação.

Como se pode ganhar dinheiro com o Twitch

Muitas pessoas desconhecem a vantagem de obter dinheiro por ser uma serpentina, mas é verdade quando se seguem os passos apropriados, mas é um objectivo que leva tempo porque se trata de ser consistente com cada uma das dicas mencionadas, que é melhor exercitá-las porque se gosta delas do que para o mero objectivo de ganhar dinheiro.

No entanto, deve ter em conta que o Twitch também tem um programa de afiliados como a Amazon, mas deve cumprir os requisitos de ter transmitido pelo menos 500 minutos nos últimos 30 dias, ou também ter feito uma retransmissão durante 7 dias únicos nos últimos 30 dias.

Entre os requisitos está a obrigação de ter uma média de 3 espectadores ao mesmo tempo, nos últimos 30 dias, e quanto aos seguidores, deve atingir o montante de 50, juntamente com a activação da autenticação em duas etapas, qualificando-se assim para o programa de afiliados.

Para além do programa de afiliados, existe outra forma de ganhar dinheiro, tal como o sistema de doação, que é activado através da criação de uma faixa onde os seguidores podem fazer doações que impulsionam o crescimento do canal, pelo que é importante a questão do carisma para com os seguidores.

Outra forma de rentabilizar o Twitch, é aproveitando o seu público para fazer parte de outros tipos de programas de afiliação, quer através de links que lhe fornecem uma comissão quando uma compra ocorre depois dela, tal como acontece com o sistema de afiliação que a Amazon e outras lojas semelhantes no sector do jogo têm.

Além disso, existe a possibilidade de monetizar com afiliados e um sistema de Bits, isto é receber um cêntimo por cada vez que alguém usa um Bit para enviar um Cheers no seu canal, esta é outra alternativa que acrescenta para monetizar a sua conta Twitch, tudo depende da popularidade da conta.

Descubra o que é o Twitchcon

Um evento que faz parte desta plataforma é o Twitchcon, é um fim-de-semana inteiro onde actividades, ribeiras, torneios e qualquer outra concentração de fanatismo, porque é um evento dedicado a cada streamer para desfrutar, bem como uma boa concentração de aliados para fazer crescer a sua conta.

Twitch não se trata apenas de transmissão de jogos de vídeo

O desenvolvimento ou propósito do Twitch não é apenas dedicado aos jogos de vídeo, mas é também uma plataforma interessante para todos aqueles que têm algo a dizer, porque para além dos jogos de vídeo, outra categoria que está a fazer o seu caminho é o Talk Show e o podcast, mais conhecido como "IRL", dedicado à música e à representação.

Dentro destes relatos existe uma grande variedade de conteúdos dedicados à ciência, bem como à tecnologia, para além de pessoas que partilham ideias artesanais, lidando com questões de beleza, e o mundo do desporto ou fitness criou espaço dentro desta plataforma atractiva, para não mencionar a transmissão de receitas ao vivo.

Mas a grande distinção sobre esta nova tendência, são os canais "Just Chatting", que nada mais são do que pessoas que usam a sua webcam para falar sobre os temas que preferem, isto é feito sob as seguintes regras e políticas da plataforma, é um engenho que para muitos é uma loucura, mas que gera uma ampla margem de tráfego.

Embora seja verdade que a transmissão de jogos e torneios de videojogos tem um poder maior nesta plataforma, chegando ao ponto de reunir milhões de pessoas que gostam de ver outras pessoas jogar, é uma tendência da própria geração, que gera uma experiência irresistível que mantém a categoria viva.

O que é preciso para criar um canal de sucesso no Twitch

O principal requisito para um canal Twitch crescer à medida que se aspira, é a perseverança e grande desejo de criar conteúdos reais, tendo esse tipo de iniciativa acrescenta qualquer acessório a ser de grande utilidade como um PC ou uma consola de jogos que lhe permita transmitir sem preocupações.

Além de ter os acessórios para tocar, é necessário software para executar a transmissão e pode ficar com uma grande impressão de qualidade, para melhorar a experiência de tais gravações ter um microfone ou auscultadores é um meio de comunicação importante para narrar ou expressar o que acontece.

O que vai precisar depende do tipo de jogo que pretende transmitir, para que possa projectar a melhor imagem possível do jogo, mas a maioria utiliza um PC que necessita de pelo menos 8 GB de RAM, juntamente com um sistema Windows 7 ou superior, e um Mac também é suportado.

A partir de um PC é importante ter uma placa gráfica suficientemente potente para executar DirectX 10 ou superior, a isto acresce a necessidade de uma ligação aceitável à Internet, que deve ter 3MB por segundo, isto deve-se à carga que causa a retransmissão, pelo que alguns conseguem utilizar dois PCs.

De que tipo de software precisa para transmitir no Twitch?

É essencial que cada streamer possa ter ferramentas como um software de transmissão, porque esta é a forma de mostrar o conteúdo ao mundo, pois são utilizados programas como o Open Broadcasting Software (OBS), que pode ser utilizado gratuitamente.

Por outro lado, existe o XSplit que tem uma interface muito mais intuitiva, embora as suas funções mais notáveis sejam pagas, uma vez que se cumpre esta escolha, é necessário fazer as seguintes configurações; as fontes do jogo e também da webcam, porque é uma representação do streaming.

Os elementos que aparecem perante o telespectador devem também ter um elevado nível estético, para que quando uma pessoa subscreve o canal, obtenha uma grande aparência de design, e finalmente em questões de software é importante ter tudo sincronizado com a conta do Twitch para começar no mundo da radiodifusão.

Como transmitir a partir de consolas de videojogos

Se tiver uma Xbox One ou PS4, tem a função de gravar a partir da sua consola, sem a intervenção de outro software, pode ser mais fácil para alguns, isto porque pode ter a aplicação Twitch gratuita no Xbox One e a PS4 pode entrar no menu para partilhar o sistema.

Embora a diferença entre utilizar uma consola e um PC, é que a transmissão de uma consola não pode ser personalizada como está habituado, mas é um grande primeiro passo para ganhar conforto no Twitch, esta possibilidade é também oferecida pelo Nintendo Switch, embora seja necessário ter um cartão de captura.

Uma das alternativas mais populares é sem dúvida o cartão de captura Elgato Game Capture HD, para gravação sem falhas em 1080p, a partir de uma Xbox One, 360, também em PS4, PS3 e Wii U, tem uma grande compatibilidade com todos os sistemas de saída HDMI.

Como transmitir no Twitch a partir de um PC

Ao jogar a partir do PC, pode fazer streaming apenas integrando um bom hardware, juntamente com um software de streaming, tendo instalado tal software OBS ou qualquer outro, basta fazer login no Twitch.tv, ir ao painel de controlo, seleccionar o jogo e depois colorir o título a transmitir.

- Preparação da emissão do OBS

A primeira coisa é clicar com o botão direito no OBS para correr como administrador, a próxima coisa é ir para as definições de streaming, onde pode ir ao Twitch para aceder ao serviço de streaming, quando regressar ao painel Twitch pode seleccionar a Chave de Stream para seguir as instruções e configurar tudo.

- Preparar a retransmissão com XSplit

Ao abrir XSplit, a primeira coisa a fazer é adicionar Twitch à emissão, depois conceder autorização, para que as definições de resolução sejam feitas automaticamente, depois editar as propriedades da transmissão e finalmente aceitar as alterações para que este modo de retransmissão possa ser posto em acção.

Como transmitir no Twitch a partir da Xbox One

Quando se tem uma Xbox One é possível fazer emissões para se tornar uma grande estrela no Twitch, é muito simples seguir esta opção, especialmente tornou-se mais importante com os jogos sobre Fortnite, além disso só é necessário executar uma série de passos anteriores para utilizar esta consola ao máximo, com os passos seguintes:

- 1- É necessário descarregar a aplicação Twitch que se pode obter na Xbox Store.

- 2- Ao iniciar a sessão deve associar a sua conta Twitch activa para começar a transmitir a partir da aplicação.

  - 3- Depois, para sincronizar a conta deve visitar https://twitch.tv/activate a partir do browser através de qualquer dispositivo para introduzir o código encontrado no ecrã.

- 4- Introduza o jogo que pretende transmitir a partir da Xbox One.

- 5- Clicando no botão home pode entrar na emissão, onde pode usar Kinect ou com o microfone, também pode aceder com Cortana.

- 6- Introduzir o título da transmissão e fazer as configurações do microfone, Kinect e chat.

- 7- Iniciar uma emissão completa de Twitch para se tornar uma verdadeira serpentina.

Como transmitir no Twitch com a PS4

A partir da PS4 pode transmitir qualquer jogo para ganhar conteúdo na conta Twitch, isto é ideal perante audiências como a Resident Evil 7, onde para além de tudo se juntar à possibilidade de fazer comentários para adicionar mais emoção ao desenvolvimento, isto torna-se uma realidade com os passos seguintes:

- 1- Deve premir o botão para iniciar a acção de partilhar um controlador PS4 quando se está no jogo.
- 2- Escolher a acção "Gameplay Broadcast".
- 3- Seleccionar Twitch.
- 4- É necessário iniciar sessão na conta.
  - 5- Introduzir o seguinte endereço https://twitch.tv/activate para introduzir o código encontrado no ecrã da televisão.
- 6- Escolha um OK na PS4.
- 7- É tempo de escolher o Twitch mais uma vez.
- 8- Tem opções personalizadas para iniciar a transmissão.
- 9- Uma vez completadas estas opções, pode estar ao vivo no Twitch.

Existe uma aplicação na PS4 do Twitch mas não é necessária para a emissão, mas utilizada para desfrutar do conteúdo de outros, esta é uma alternativa que tem a PlayStation Store, porque não há limites para partilhar conteúdo no Twitch, na própria consola tem esta oportunidade.

Como transmitir no Twitch usando o Nintendo Switch

A consola Nintendo Switch permite-lhe ter emissões exclusivas para o Twitch, embora ainda seja necessário optar pela forma tradicional com o cartão de captura, caso contrário poderá exercer os seguintes passos para transmitir através desta consola:

- 1- É necessário um cartão de captura, a transmissão interna não é permitida pelo Nintendo Switch, ao ligá-lo à TV é necessário o cabo HDMI para ver na TV o que se está a fazer durante a transmissão.

- 2- Além disso, é necessário integrar o PC, depois disto será possível controlar o jogo, através do software de transmissão para PC, embora a partir desta vista o jogo seja projectado um pouco mais tarde.

Como captar os momentos mais épicos no Twitch

Em cada canal Twitch pode surgir um momento realmente incrível que quer partilhar com os seus amigos, isto é fácil de capturar para que o destaque do site Twitch possa ser usado como um anúncio ou apenas torná-lo tendência, isto é possível graças à funcionalidade chamada Twitch Clips.

Para ter os destaques do canal Twitch pode utilizar os clips, esta função é alargada a todos os utilizadores do Twitch, desde que sejam canais associados, ou seja, todos aqueles que têm um botão de subscrição, uma vez que tenha este requisito, basta seguir os passos abaixo:

- 1- Entre no canal Twitch da sua escolha, e verifique se é uma conta associada, isto pode ser visto se o canal tem um botão de subscrição roxo, é também necessário considerar que é uma opção para conteúdos ao vivo, no entanto com vídeos pré-gravados não funciona.

- 2- É necessário pairar sobre o leitor de vídeo para depois fazer um clip que se encontra na parte inferior direita, um clip de vídeo de 30 segundos ajuda a expor uma nova aba, dependendo do tema Twitch pode capturar clipes de pelo menos 25 segundos anteriores desde o clique que deu.

- 3- Ao clicar no separador seguinte para ver o clip que acabou de ser gravado, pode utilizar os botões Twitter,

Reddit e Facebook, estes estão localizados no canto superior direito, para que possa partilhar o vídeo em qualquer um destes sites ou espaços digitais.

• 4- Outra opção que pode utilizar é copiar o link para o enviar a um amigo, para que este possa ver o clip onde o nome do utilizador aparece no canto superior direito, por outro lado, existem links para entrar directamente no website da streamer na parte inferior, pelo que se trata de uma forma de publicidade.

Quando estiver a transmitir para os seus seguidores, pode realizar esse desejo de mostrar um determinado fragmento da reprodução, especialmente quando uma peça importante tiver sido feita ou estiver em destaque, para dar a atenção que o momento merece com a instalação de um clique personalizado.

Dados de marketing digital do Twitch para 2021

A plataforma Twitch é uma proposta interessante dentro do mundo digital, especialmente para o enorme movimento de utilizadores activos que permitem realizar campanhas de marketing de todo o tipo, pelo que tornar-se visível é ainda uma oportunidade de ser um campo aberto após o qual se pode levar a cabo o estabelecimento de um canal impactante.

Dada a baixa saturação que existe nesta plataforma, existe uma grande possibilidade de alcançar uma margem significativa de sucesso, esta é uma realidade que é posta em prática quando se descobrem os seguintes truques e tendências que se originaram após o tráfego que persiste no Twitch e, se estiver interessado nesta plataforma, deve conhecê-la.

Os hábitos e interesses nas transmissões ajudam a seguir de perto a direcção que esta inovação está a tomar, onde se deve reconhecer que a preferência pelos jogos de vídeo pode mudar para outros temas, é tudo sobre o tipo de audiência que se pretende atingir, que está a tornar-se cada vez mais variada.

Como um crescimento ou mudança de tendência ocorre na plataforma, é necessário agir e implementar um plano de acção para que uma conta Twitch possa escalar a um grande nível, para que com estes dados se possa tomar as medidas correctivas necessárias:

- A maioria dos utilizadores do Twitch tem entre 18 e 34 anos, e pelo menos 14% têm entre 13 e 17 anos, pelo que a sua imagem deve ser ajustada a este tipo de público.
- Cerca de 65% da audiência é do sexo masculino.
- Um número elevado ou 23% do tráfego é proveniente dos Estados Unidos.
- A Alemanha, Coreia do Sul e Rússia representam 18%, sendo também a maioria.
- A plataforma está disponível em até 230 países.
- Cerca de 90% do conteúdo do jogo é transmitido pelo Twitch.
- Uma elevada percentagem de 63% do conteúdo relacionado com jogos de vídeo é transmitida nesta plataforma.
- Prevê-se que o número de telespectadores de Twitch aumente 5,9% ao longo do ano.
- Durante o ano 2021, espera-se que a League of the Legends continue a ser um dos jogos de vídeo mais difundidos no Twitch.
- O principal assunto envolvido no Twitch é a utilização da música e também sobre artes performativas.

Através destes dados não há dúvida de que esta plataforma apenas emite sinais de crescimento, por essa razão ainda existem muitas estratégias a serem levadas a cabo no Twitch, é um campo aberto para inovar e tornar o seu canal orientado para os dados mais predominantes, como uma mera acção de marketing digital.

As tendências que precisa de conhecer sobre o Twitch

Tendo em conta cada dado muito útil sobre o marketing digital do Twitch, há um grande interesse por parte das empresas em dar o seu melhor nesta plataforma e captar a atenção de cada utilizador, mas além disso é necessário considerar as seguintes tendências do Twitch:

- **Celebridades em ascensão na plataforma**

Normalmente quando as celebridades são mencionadas estão apenas associadas ao YouTube, mas no Twitch estão a surgir ou a chegar cada vez mais estrelas de conteúdo, estas são únicas e incluem músicos, e também outros tipos de grandes estrelas criativas, isto graças ao facto de mais pessoas estarem a escolher fazer parte do Twitch.

Esta plataforma abre o caminho para apresentações ao vivo, ao ponto de acrescentar concertos e outros eventos semelhantes, onde o principal objectivo é produzir interacção com os seus seguidores, este tipo de relação ou causas nexas que podem reforçar a sua imagem e que a conta pode descolar onde se espera.

No caso do YouTube trata-se de uma dedicação a fazer vídeos, embora também permita gravações ao vivo, mas no Twitch há um elevado nível de envolvimento, uma vez que dentro desta plataforma a proximidade com o público é muito mais próxima do que se pensa, tudo está à sua inteira disposição para que este tratamento reforce a conta.

- **A acção de marketing influente**

Vários utilizadores e empresas no Twitch vão muito mais longe no desempenho de um marketing influente, uma vez que com as suas agendas de campanha este tipo de figura, para ir a uma streamer que tem uma grande comunidade de seguidores na plataforma e levá-los a mencionar uma marca, a empresa ganha facilmente esse tipo de publicidade.

Uma estratégia tão conhecida como esta, abre o caminho para uma streamer optar pela obtenção de lucros significativos, é um interesse recíproco que surge de ambos os lados e por essa razão é uma tendência que não parece mudar nos próximos meses ou anos, tudo depende da forma de agir do marketing digital.

Desde que consiga captar a atenção do público, não só o canal avança, mas também muitas marcas podem estar interessadas em fazer acordos consigo para tirar partido da sua popularidade, por esta razão é valioso manter um elevado nível de proximidade com o público, porque com essa confiança pode rentabilizar eficazmente.

A forma natural como uma transmissão é produzida é a que gera um ponto de encontro de interacção importante, onde indirectamente se estabelece que a proximidade com o público, por esta razão para se conseguir um grande resultado num canal não é tão complicada, tudo depende da criatividade e do esforço.

- **Anúncios de auto-serviço**

Seguindo esta tendência, as marcas conseguem anunciar todo o tipo de produtos ou marcas no Twitch, isto é realizado através de acções que são recriadas ao vivo, onde a participação da mensagem publicitária é notada, especialmente em eventos que são realizados ao vivo e quando a participação do público é notada.

Este conceito ou actividade é desenvolvido quando uma empresa é responsável pela criação de conteúdos que podem seduzir o público da serpentina, não é complicado de exercer através de uma plataforma interactiva deste tipo, a que se junta um grande número de ferramentas oferecidas pela Twitch para todos os fins comerciais para ter um desenvolvimento versátil.

- **Aumento da publicidade e redução do patrocínio**

O aparecimento de anúncios no Twitch deve-se aos interesses e acções dos utilizadores, por esta razão os parceiros da marca devem olhar para o mesmo tema que domina a aparência da publicidade, é uma forma de rastrear a transmissão bem sucedida da transmissão, para que as serpentinas possam mencionar as marcas envolvidas.

A vantagem da publicidade através do Twitch e dos seus criadores de conteúdos, é que oferece acesso a uma comunidade mais interactiva e até apaixonada pelos seus gostos, pelo que é uma plataforma mais poderosa do que outras redes sociais, pelo que é um meio de demonstrar proximidade com o criador e o público.

43

O impacto publicitário que esta plataforma tem é de grande nível, e como a plataforma postula um grande crescimento, da mesma forma que haverá mais interesse em publicidade neste meio, por esta razão este tipo de publicidade está associado ao funcionamento da Amazon tudo está ligado para que os produtos sejam vistos.

- **Os tempos mais populares para atrair uma audiência**

Os relatos de Twitch mais bem sucedidos têm um padrão de comportamento em comum, esse comportamento é o de estabelecer um horário a seguir de perto, no momento de transmitir com uma frequência ordenada é conseguido para criar um hábito e ter melhor impacto na audiência, pelo que conhecer os dias e horários mais activos é de grande ajuda.

Tirar o máximo partido da audiência é fundamental para reforçar uma conta do Twitch, de modo a que as transmissões em directo possam atingir um melhor nível ou influência, pelo que para colher um grande alcance é importante estudar a audiência alvo para seguir o seu próprio padrão e assim estabelecer transmissões regulares.

A diferença entre uma streamer profissional e um principiante é criar hábitos para emitir uma grande imagem para os utilizadores, esta preocupação deve-se ao facto de o público ser fiel aos criadores que utilizam horários e sobretudo que apresentam uma actividade constante, ou seja, a garantia que cada utilizador merece receber e que precisa de considerar.

- **Sorteios e concursos**

Uma das actuações mais frequentes no Twitch com melhor impacto são os sorteios e concursos, isto porque esta plataforma é ideal para dar forma a eventos que têm estas características, além disso, há muitas aplicações que ajudam a culminar estes eventos.

Desde que haja um sorteio no meio, cada utilizador pode ser motivado a subscrever o canal, bem como a criar conteúdos para obter o prémio, esta é uma grande estratégia de marketing digital que está a dar grandes resultados, porque todos querem ganhar e os próprios utilizadores anunciam a conta do Twitch.

Cada uma destas tendências abre um grande planeamento para cobrir ao longo do ano, quando cada ponto é seguido com grande empenho, há uma grande oportunidade de alcançar o crescimento que se espera, são expectativas analisadas de acordo com a realidade dos utilizadores, por isso, ao seguir estas recomendações pode destacar-se na plataforma.

A razão pela qual o Twitch precisa de estratégias de marketing

Há muitas razões para incluir o marketing no Twitch, a principal delas é a liberdade de agir como um campo digital pouco saturado, e especialmente como outras redes sociais como o Facebook e o YouTube, pelo que esta plataforma tem um grande potencial para emitir uma intenção publicitária para o público.

O poder publicitário positivo encontrado no Twitch é uma grande motivação, junta-se também ao factor da fase de crescimento, pelo que podem surgir mais tendências, e há empresas que todos os dias apostam neste sector, fazendo com que seja uma plataforma para se envolver e investir com uma aspiração a longo prazo.

O desempenho global que emerge no Twitch é um potencial incrível, uma vez que é um ambiente que lhe permite alcançar qualquer canto do mundo, por esta razão torna-se uma ferramenta para ter uma audiência de nível internacional, e antes do lançamento de alguma posse acaba por se expandir a grande velocidade.

A popularidade de Twich é indescritível e encontra-se numa variedade de categorias, o que confirma que o poder da vida ainda é uma realidade nesta tendência moderna, pelo que Twitch é considerado como uma estratégia de marketing de primeiro nível devido à facilidade de assegurar a interacção entre os utilizadores.

A serpentina é um ponto de partida essencial para muitos interesses globais, onde o aspecto da paixão e do amor pela criação de conteúdos ao vivo não se perde, porque para além de um evento, é um conhecimento e habilidade que é encenado e faz com que o público seja receptivo em todos os sentidos.

Como diversificar o seu público

Twitch é um ambiente ideal para encontrar conteúdos de todos os tipos, por isso é o local ideal para celebrações de jogos, é uma verdadeira arte ou criatividade por streamings onde cada pessoa procura ser conhecida por uma acção extraordinária dentro do jogo e, acima de tudo, pela sua personalidade.

Os Streamers são aclamados pela sua bondade, ao ponto de dominarem o chat como uma estrela, embora para crescer e captar audiência seja vital ter um estudo de oportunidade, presença, tecnologia, interacção, consistência e habilidade, estes representam um número a analisar para seguir esse caminho.

Para dominar a oportunidade de crescer no Twitch é necessário fazer associações para aspirar à obtenção de rendimentos, esta dinâmica é desenvolvida através dos seguintes passos para o fortalecer nesta actividade:

- Criar um nicho

Para se destacar entre milhões de utilizadores só precisa de boas ideias, para além de aceitar que pode encontrar-se com contas semelhantes ao seu tema, o importante é destacar-se com cada ideia especializada, transmitir conteúdo de qualidade, para além de jogar e gerar uma grande imagem onde cada espectador se liga ao que transmite.

A diversão não pode faltar no conteúdo que é transmitido por streaming, trata-se de nova informação mas sem deixar de lado a essência do jogo, pois desde que estes sentimentos de curiosidade e entretenimento possam ser semeados, surge uma comunidade sólida em direcção ao canal.

- Criar uma frequência de afinação

É crucial que na conta do Twitch seja estabelecida uma frequência para que se torne um programa seguido e frequentado, esta actividade deve ser como um hábito para que os seguidores não percam as emissões, trata-se de construir uma agência importante a cumprir e que a publicidade possa ser feita noutros meios de comunicação social.

Começar com uma transmissão aleatória só vai complicar mais, pelo que é melhor transmitir conteúdos constantes para reunir uma boa quantidade de seguidores, o início desta actividade precisa de transmitir uma imagem fiável para fazer os outros crescerem.

- Faz alianças importantes

O sucesso de uma serpentina é um sinal ou uma atracção para a considerar como um aliado necessário, porque ao trabalhar em conjunto com outros pode crescer juntamente com a popularidade que outras estrelas possuem, com base em alianças pode construir um nome no Twitch, isto acontece tirando partido dos amigos sobre este sector.

Ao assistir a um evento ou a uma retransmissão não há dúvida de que terá um aumento de seguidores, esse tipo de presença que se ganha sobre a comunidade é um resultado garantido através da associação, e isto é conveniente para que uma transmissão seja mais seguida.

- Oferece entretenimento e interacção

A principal função do Twitch baseia-se no facto de que o seu objectivo é proporcionar entretenimento, portanto a experiência semeada na audiência faz parte desse papel fundamental a seguir de perto, este tipo de entretenimento funde-se com a interacção proporcionada pelas salas de chat, é uma obrigação manter ambos os elementos.

A interacção assegura que um canal Twitch pode receber o apoio de seguidores, desde que se possa manter cada seguidor à vontade, acaba por ser benéfico crescer dentro desta plataforma, neste sentido é importante manter a proximidade para formar uma audiência leal ao conteúdo que fornece.

Quando os seus seguidores crescem, não pode perder esse tipo de proximidade com eles, porque todo o esforço se reduz significativamente, não há razão para mudar para uma personalidade superior, mas sim para ter a identidade de um canal a ser lembrado acima de tudo.

- Ponha as dúvidas de lado ao iniciar uma empresa de Twitch

Começar no mundo e as tarefas de uma streamer pode ser uma forma muito assustadora de começar, não ter o tipo de câmara que outras estrelas têm, ou também sobre o tema do PC, isto não significa que não possa começar, o importante é a vontade de se esforçar para crescer, o resto pode ser melhorado à medida que se avança.

Ter uma conta no Twitch não é tão exigente como se poderia pensar, pelo que terá a liberdade de lidar directamente com o seu público, porque isto é o mais importante para além do investimento em equipamento, trata-se de poder dar um passo de cada vez para que quando a sua conta estiver a subir possa pensar num estúdio.

- Diversão e paciência vêm em primeiro lugar

Entrar no Twitch é uma carreira de sucesso para a qual se dedicar, pelo que o trabalho árduo juntamente com a paciên-cia se tornam grandes armas no meio desta plataforma, em-bora se os seus objectivos forem económicos é essencial que durante os primeiros três meses tenha paciência nesse sentido, nesse período de tempo pode desfrutar do que faz.

Embora para se tornar famoso e gerar dinheiro se estime uma dedicação de pelo menos seis meses, isto a dada altura pode ser esmagador, mas não há necessidade de perder a cabeça ou tornar-se uma obsessão, porque, dadas as circunstâncias, o humor pode diminuir, o vital é que o seu desejo permaneça intacto.

A maior inspiração é recordar a razão pela qual gerou estas emissões, porque, se for apaixonado por jogar, essa é a chave para manter esta actividade como um hábito, de facto torna-se uma carreira, de modo a que, no final, isto possa produzir uma emissão muito divertida e agradável.

Os melhores jogos que precisa de conhecer para o Twitch

Conseguir uma grande margem de crescimento no Twitch é uma obsessão para muitos utilizadores, especialmente quando se procura gerar dinheiro através da paixão pelos jogos de vídeo, aproveitar ao máximo os milhões de utilizadores activos que estão nesta plataforma é uma grande oportunidade.

Tornar-se uma grande serpentina também depende da habilidade, por isso muitos sonhos são criados para se aventurar neste mundo, é possível tornar-se um profissional deste meio com dedicação e sobretudo conhecimento, porque a popularidade no Twitch é muito procurada, mas também certos temas são muito seguidos e é preciso conhecê-los. Embora sobre alguns tópicos que são tendências seja importante não saturar certos jogos que já têm muito material ou conteúdo, por esta razão é melhor dedicar-se a formar um nicho de especialistas sobre um tópico para ser um ponto fiável através do qual cada utilizador possa encontrar o que gosta.

No mundo dos videojogos é vital ser informado com antecedência, especialmente para procurar transmitir o melhor de cada jogo, e para assegurar que a paixão possa ser notada em cada disparo, cuidando assim do compromisso, este é um ponto principal para aproveitar o poder de obter mais LEDs e tornar-se conhecido.

Com a popularidade desta plataforma e o efeito da Amazon, há muito interesse em transmitir transmissões com artigos ou produtos através dos quais se pode receber uma grande receita publicitária, esta é uma prática muito popular para a geração Z e não se pode ignorá-la por qualquer razão.

O investimento e dedicação em publicidade é um passo fundamental em qualquer tipo de plataforma, pelo que no Twitch não se pode ignorar os alvos do meio que irá assegurar uma grande entrada, pelo que saber exercer publicidade resolve muitas dúvidas ou preocupações, onde o mundo do jogador domina esta plataforma.

Planear entrar no Twitch é um passo necessário, isto determina a comunidade mais importante para ter acesso a essa taxa de participação que é garantida com o seu público, isto juntamente com a capacidade é uma arma poderosa, por isso com os 10 jogos seguintes pode criar um canal de primeiro nível:

- **1- Super Mario Maker**

O jogo Super Mario Maker é um conhecido jogo de plataforma de rolagem lateral que ganhou uma grande margem de sucesso sobre a marca Nintendo, onde os fãs de Mario assumem uma posição importante, onde cada pista personalizada é partilhada a outros utilizadores com grande paixão.

Outra razão pela qual este jogo tem um peso importante deve-se aos 100 desafios de Mário, onde também se pode explorar plenamente o Reino do Cogumelo para proporcionar grande diversão a todos os tipos de espectadores, isto porque é um jogo perfeito para transmitir e promover a sua conta.

A interacção com a audiência do Twitch é muito mais fácil de tirar partido de um jogo com a mesma frequência que este, especialmente quando a audiência segue de perto este tipo de tendências digitais, e há uma grande audiência apaixonada por este jogo, para que possa criar o seu próprio conteúdo e partilhar este tipo de jogo.

- **IRL**

A acção de publicidade no Twitch representa um grande investimento em todos os sentidos, pelo que procurar ter um nível de audiência mais elevado é um objectivo claro, pelo que a inclusão de uma aplicação é a solução em muitos aspectos, especialmente para a combinação entre o carisma real e o mundo virtual de um jogo de vídeo.

A apresentação da Amazon da IRL gerou algumas dúvidas, embora seja necessário esclarecer que não se trata realmente de um jogo, mas de um canal onde os utilizadores conseguem transmitir momentos da sua vida, esse tipo de função é ideal para avançar numa plataforma e no momento de gerar a função de transmitir um jogo.

Cada utilizador pode partilhar toda uma série de conteúdos que é diferente do aspecto do jogador, uma vez que se trata de partilhar e captar alguns momentos da vida quotidiana, este tipo de entretenimento causa grande interesse em certos públicos, porque não só procuram ver conteúdos sintéticos, como também procuram conteúdos de uma vida própria.

- ## 3- Liga de Lendas

A popularidade da Liga das Lendas tem sido sentida repetidamente no Twitch, de tal forma que aconteceu em 2017, onde se tornou um dos jogos mais procurados nesta plataforma, o seu interesse atingiu até 80 milhões de horas de transmissão referentes a este tópico.

O conteúdo LOL é um jogo que tem sido tradicionalmente aclamado na plataforma, isto deve-se à paixão pelas estratégias e eventos que surgem após uma batalha on-line, a isto se junta o confronto que criaram on-line para formar equipas e criar um grande espectáculo.

É elevada a popularidade deste jogo no Twitch, mesmo para um negócio profissional, porque desde que se possa gerar um nível mais elevado de competição aumenta a quantidade de espectadores, e não há nada mais encantador no jogo do que a competitividade, esse espírito de superação ajuda a encontrar um público activo.

- **4- Grand Theft Auto V**

Este jogo proporciona uma elevada proporção de aventura e acção, pelo que passou a ser considerado um dos melhores, neste momento torna-se um produto de entretenimento distinto, pelo que no Twitch tem um espaço importante, desde o seu lançamento em 2013 o seu amplo design tem causado um elevado nível de atracção.

A tendência que estabeleceu no mundo deve-se ao seu enorme clube de fãs, estes estão bem distribuídos pela aplicação, por esta razão tornou-se um excelente tópico a considerar, esta é uma medida especial para novos utilizadores e também para marcas, uma vez que é uma forma de captar mais audiência.

- **5- Contra-Ataque: Ofensiva Global**

Através da Conter-Strike: Global Offensive pode aceder a um público de jogos clássico e apaixonado, pelo que os utilizadores do Twitch têm uma grande oportunidade de causar sensação graças a este tema, e é também uma opção muito popular porque se trata de um jogo simples.

A alta competitividade entre duas equipas e a luta pela vitória é uma grande dinâmica que gera atracção na plataforma, com os oito modos de jogar e as suas características há muito a expor e Twich é um meio ideal para este fim, onde o público se pode ligar às suas peças.

A trajectória que se pode alcançar com este jogo é notável, mas como se trata de uma tendência de multidão, a mais hábil seria juntar forças com um influente neste meio, ou noutra rede social para ganhar tráfego nas transmissões que se pode fazer, quanto mais forças juntar, acaba por reflectir um grande número de telespectadores.

- ## 6- A Lenda de Zelda: O Sopro da Selva

Através da saga de Te Legend of Zelda apresenta um grande cenário a emergir no Twitch, especialmente pela sua popularidade com a Nintendo, e a partir de cada parcela que é emitida imediatamente detalhes tornam-se tendência nesta plataforma, foi também classificada como um dos melhores videojogos.

Em Twtich com um público apaixonado por este jogo pode avançar muito rapidamente, especialmente aproveitando o poder de cada consola, uma vez que a PlayStation, Xbox ou Nintendo têm cada uma a sua própria comunidade a seguir, ao ponto de ter um elevado número de fãs que preferem cada incidência deste jogo.

Nos últimos tempos, este jogo está a tornar-se cada vez mais aclamado, tudo graças também ao conhecimento que tem sido distribuído pelo público, e ao dominar um pormenor sobre esta tendência pode enquadrar-se no objectivo de gerar apelo, para além de lançar toda uma série de campanhas publicitárias relacionadas com este jogo.

- ## 7- Morto à luz do dia

Para criar conteúdo para aqueles que amam o mistério e ao mesmo tempo com terror, a resposta para isto surge sobre este jogo onde cada luta pela sobrevivência se torna altamente interessante, onde o desenvolvimento se baseia num jogador contra quatro, e é sobre assassinos que lutam pela sobrevivência.

Cada espectador que faz parte do Twitch procura viver uma experiência inesquecível, com este jogo irá sentir um verdadeiro filme de terror, no meio do desenvolvimento pode criar um grande carisma que o eleva ao nível dentro da plataforma, neste momento pode apostar inteiramente no marketing digital para uma grande atmosfera.

- ## 8- Minecraft

Um jogo como o Minecraft é descrito como uma grande aventura, apesar das primeiras impressões, colocar blocos revela-se uma grande oportunidade, depois de 2009 tornou-se um jogo de PC que gerou um grande número de vendas, o que significa que por trás dele está um grande público apaixonado.

Ao ser capaz de criar o seu próprio mundo, tem a facilidade de criar uma conta atractiva, onde as actividades de exploração podem seduzir os espectadores, o objectivo é que possa oferecer uma grande experiência e tirar o máximo partido do conteúdo deste jogo de vídeo, o que significa um sucesso garantido.

- ## 9- Mal Residente 7

O jogo que possui todas as emoções fortes é sem dúvida o Resident Evil 7, cada uma das suas sagas descobre detalhes importantes que não se podem ignorar, é um encanto que não se pode perder por nenhuma razão, esta é uma tendência que tem sido bem recebida pelo público para seguir de perto o terror.

O medo que surge dos zombies que lutam com outras criaturas é postulado como um grande íman para reter cada vez mais espectadores, tirando partido do facto de este ser um dos melhores jogos, embora abranja um público alvo um pouco mais adulto do que o tradicional, estas considerações são fundamentais para se enquadrar nos fãs deste jogo.

- **10- Fortnite**

Um dos jogos com um alto nível de popularidade sobre os streams é Fortnite, uma vez que chegou com o seu lançamento em pacotes de software, tornou-se um modo de jogo muito popular, ganhando toda a atenção sobre os jogos Battle Royale, especialmente para a versão que lhe permite jogar ou participar gratuitamente com 100 jogadores.

Estes são jogos que têm um vasto nível de audiência, é um conteúdo que não pode falhar dentro das tendências modernas, ou pelo menos pode ser usado como parte de uma estratégia a ser conhecida, o truque é escolher o jogo que vai mais ao seu estilo e causar uma grande sensação na audiência.

Escolher um jogo é uma missão inicial que deve ser feita cuidadosamente para garantir que está sob um tema que tem poder no Twitch, embora toda a audiência se ligue mais à naturalidade também que pode transmitir, no meio dessa interacção é que consegue promover-se da forma que espera na plataforma ou outra rede social.

Com um jogo definido, pode estabelecer alianças comerciais para se tornar embaixador de uma marca, onde cada visão será bem recompensada e obtém uma motivação extra para conseguir uma audiência maior, este tipo de acção cria uma conta duradoura e um incentivo para cuidar dela.

Agora que conhece os jogos e as formas de potenciar o seu valioso impacto, pode moldar um melhor projecto sobre a sua conta Twitch, até a transformar numa grande marca, seguindo o curso do marketing digital não há dúvida de que isto acaba por reflectir sobre a quantidade de seguidores e até de espectadores.

Estratégias para aumentar o envolvimento no Twitch

O streaming media é um mundo que precisa de medidas de marketing, mas para isso, ao iniciar o seu canal é necessário impor objectivos para criar estratégias que tornem possível atingir cada objectivo, onde o básico é apostar em obter visibilidade e obter a quantidade de seguidores que se espera.

Para além de criar o canal Twitch requer empenho, porque é preciso manter os seus objectivos, especialmente se se procura um benefício económico, isto torna-se realidade graças a um esforço claro que demonstra a sua paixão, mas para viver no Twitch a primeira coisa a fazer é alcançar os seguintes objectivos:

- 1- Necessita de mais utilizadores para visitar o seu canal pela primeira vez com mais frequência.
- 2- Em cada transmissão ao vivo, os utilizadores devem permanecer durante pelo menos 3 minutos.
- 3- A interacção é uma regra geral, portanto quanto mais comentários no chat, melhor para a imagem do canal.
- 4- Os seguidores são o objectivo acima de tudo de ganhar popularidade, sem pessoas não há atenção ou finalidade da transmissão.
- 5- O canal de fluxo deve ser concordado com o retorno do utilizador.
- 6- Obter subscrições e donativos.

Através destes importantes pontos ou objectivos consegue deixar de lado os erros ou distracções dentro do crescimento da conta do Twitch, mas tudo tem o seu tempo e é necessário crescer com muita paciência, por isso é necessário conhecer um passo a passo para emitir as estratégias necessárias onde o poder surge através do perfil.

Criar um canal de Twitch apelativo

Para que um canal Twitch atinja realmente o nível esperado, deve começar com um bom design, o que inclui fazer uma boa imagem de perfil, para além de fazer todos os ajustes nos painéis informativos, para descrever os jogos ou conteúdos a tratar para o expor de uma forma excelente.

A configuração e desenho gera um bom impacto para apresentar a sua conta, tudo deve estar associado ao jogo ou ao conteúdo mostrado na transmissão, a isto se acrescentam as informações pessoais do streamer, onde pode expor a conta PayPal, enquanto que o tema do sistema deve receber actualizações automáticas.

A imagem e o projecto do canal devem ser claros desde o início, desde que se possa seguir uma identidade, juntamente com uma divertida amostra de personalidade, para despertar mais razões através das quais possam amar-te no Twitch, onde dois motivos se juntam, saber entreter ou a habilidade e o conhecimento sobre um determinado tópico.

Para que um seguidor possa permanecer tempo suficiente na transmissão é necessário ser capaz de despertar as emoções necessárias, porque se não atrair a atenção é muito fácil retirar-se do vídeo, pelo que a atracção é um ponto importante a considerar e que não pode faltar num streaming.

Os factores que são destacados e que interessam a um utilizador do Twitch é a imagem do canal, juntamente com o título da transmissão, para alcançar um número significativo de espectadores, a compreensão da relação entre estes três pontos define o sucesso nesta plataforma, pois estes conceitos surgem:

- Imagem do canal

No Twitch é muito importante considerar a imagem do canal, embora neste ponto não se possa realizar algum tipo de manipulação, este tipo de imagem é a que está exposta no momento em que o fluxo ao vivo surge, mas tem o controlo para emitir uma grande imagem pessoal através do layout que está no fluxo.

A diferença em atrair ou não a atenção é sobre estes pequenos detalhes, uma vez que sem ou com as ajudas adicionais desta plataforma obtém-se seguidores, mas eles podem sair completamente se não encontrarem uma impressão ideal, o desenho deixa sempre um precedente importante.

- Título do canal

O título do canal é um aspecto de grande valor, porque se não for ousado ou contagioso não causará um grande efeito na audiência, é também o que o fará sobressair, pelo que a recomendação é ser original, muito preciso para que não seja aborrecido, então existe a intenção de manter a expectativa.

O benefício do canal é sempre importante para emitir a cada utilizador, pelo que estes são princípios básicos que são utilizados na publicidade, estes não são dicas novas, mas além de serem muito populares, são essenciais para o cumprimento, um mínimo de ultrapassagens e perde-se impacto por métodos tão acessíveis.

• Número de espectadores

O número de espectadores é uma estimativa, esse teste serve para medir o tipo de importância que o streaming está a receber sobre outras pessoas, porque se estiver no caminho certo isso reflecte-se sobre essa quantidade, e a ideia central é que mais pessoas entram ou querem seguir o conteúdo de perto.

Embora este tipo de resultado dependa directamente do algoritmo Twitch, uma vez que funciona com base neste factor, porque os canais que têm mais audiência são promovidos, e para todos os que começam, isto representa uma grande desvantagem, especialmente porque a cada dia surgem mais canais novos.

Corrigindo este detalhe de ter espectadores que permanecem três minutos na transmissão é um aspecto chave a seguir, esta média é decisiva para avaliar o valor causado ou emitido pelo canal, embora em muitos aspectos seja positivo ter uma audiência mais pequena porque é mais fácil de controlar.

A frequência dos utilizadores pode ser gerida quando se trata de um pequeno número de utilizadores, porque um princípio dentro do marketing é manter os primeiros utilizadores, para construir a lealdade da audiência de que a sua conta necessita, a intenção é que possa cuidar de cada utilizador e depois pensar em ganhar mais.

Algoritmo de contração que dificulta o seu crescimento

A primeira coisa a considerar com esse desejo de crescer no Twitch, é que é necessário compreender como funciona o algoritmo, uma vez que esta é a principal causa de alguns canais serem vistos mais alto do que outros, a importância da visibilidade deve-se a encontrar uma maior capacidade de visualização com facilidade.

O posicionamento dentro do Twitch é essencial para dominar, isto existe dentro de cada rede social, e esta plataforma não é excepção, mas o seu ponto de diferença entre uma conta e outra é o número de espectadores, que é o factor chave a cobrir para estar no topo do streaming de uma categoria ou de um jogo de vídeo.

Para subir dentro desta plataforma é necessário ter vários espectadores, caso contrário tudo se torna complicado, sem cobrir este aspecto é impossível que novos utilizadores o encontrem, caso contrário o crescimento da sua conta no Twitch é bloqueado, pelo que é necessário cuidar do aumento do número de espectadores.

Uma solução chave é a personalização da sua transmissão, isto pode ser feito através de uma estrutura, widgets, extensões e alertas, conseguindo assim uma melhor impressão do canal com uma transmissão profissional para que a sua transmissão possa apresentar o tipo de atracção de que necessita.

Deve realizar uma métrica pós-streaming graças à plataforma mostra dados avançados importantes, após esse progresso pode trazer à luz o momento através do qual realiza uma conversão mais elevada no canal, com esse estudo pode melhorar a sua activad na plataforma para replicar os comportamentos que dão resultados.

Tudo sobre os robots Twitch e as suas funções

No meio do desenvolvimento do Twitch foram apresentados websites e aplicações que não têm um propósito ilícito, mas são uma forma muito mais fácil de crescer nesta plataforma, no caso de questionar a função que cumpre um bot no Twitch, são software criados para executar tarefas de forma repetitiva.

A inteligência destes add-ons representa um grande nível para substituir o trabalho humano na interacção desta plataforma, mas tradicionalmente eles têm abrangido funções como o reconhecimento de voz, isto é uma amostra da grande variedade de bots que existem e cada um cumpre um propósito particular.

No caso do Twitch são implementados três tipos de bots, os principais são os bots Chats-bots, view-bots, e follow-bots, o primeiro tem uma função que não falha e serve como um grande apoio para interagir, os dois seguintes também, mas qualquer erro ou abuso pode originar uma expulsão temporária ou mesmo permanente.

A situação de risco acima referida surge porque os chat-bots baseiam-se num sistema equipado com inteligência artificial para desempenhar funções através das quais podem interagir com outros membros do canal e passar despercebidos quando geram interacção para se darem a conhecer.

Estes bots são populares dentro da plataforma, embora seja vital que o seu funcionamento seja moderado para que o Twitcht não possa emitir quaisquer sanções. Os principais benefícios do bot sobre o chat e a interacção são os seguintes:

- Para os utilizadores que utilizam linguagem ofensiva, pode ser implementada uma suspensão dependendo do tempo que determinar.

- Pode criar sorteios e cumprir qualquer estratégia para encorajar os membros do chat.

- Desenvolver comandos personalizados para chats.

- Facilita os pedidos de canções para manter um elevado nível de interacção.

- O bot emite uma resposta a um comando introduzido por um utilizador.

Enquanto os follow-bots e view-bots são apresentados como sistemas para aumentar os números e melhorar a impressão sobre o canal, este tipo de comportamento é contra as regras do Twitch, especialmente quando se utilizam contas falsas, bem como scripts ilegítimos que são utilizados no meio para este fim.

A utilização destes bots é totalmente proibida, as suspensões variam de um a trinta dias, em caso de reincidência a punição pode ser aplicada por um período indefinido, pelo que deve tomar precauções para não perder o canal, por esta razão quanto mais souber, mais poderá utilizá-los a seu favor sem tantos riscos.

Aprender a usar um robot para conversas de Twitch

A função dos chats-bots está orientada para facilitar o trabalho de um moderador para tornar as serpentinas mais confortáveis no Twitch, através do seguinte passo a passo aprenderá a melhor forma de controlar o chat dos seus vídeos:

1- Iniciar sessão no Twitch

Cada bot tem certas opções particulares, mas a operação é em geral a mesma, por isso o primeiro passo a dar é ligar a conta do Twitch juntamente com o bot.

2- Login

Ao ligar as duas plataformas deve estar no site oficial do bot, para que possa então encontrar o botão para iniciar sessão com Twitch, onde deve introduzir os seus dados pessoais para completar esta etapa de início de sessão.

3- Requisitos finais

Para completar o processo só precisa de seguir alguns passos que são diferentes para cada bot, dependendo do que está a utilizar, quando completar cada requisito o bot torna-se activo no chat, é um membro da comunidade Twitch, também pode aceder à configuração do chat-bot para satisfazer as suas necessidades.

As funções dos Chatbots

Antes de ter em conta os chatbots é essencial ser muito claro sobre cada uma das funções que eles são capazes de desempenhar, sabendo como utilizá-los completamente

pode dominar o chat como quiser, as acções mais importantes cobertas pelo bot são as seguintes:

- Ajudam a moderar o chat através de comandos personalizados, para que cada utilizador possa ter acesso e ser
bem tratado, é um grande apoio contra os trolls.

- Através destes moderadores todos os tipos de transmissão se tornam simples e dinâmicos, embora não subs-
tituam as acções dos moderadores humanos, mas funcio-
nem como um apoio.

- Limitar os utilizadores que utilizam palavras ofensivas
no chat para que tudo esteja em ordem.

- Permite-lhe organizar actividades dinâmicas, tais como
jogos e sorteios no chat.

- Aplica todos os comandos possíveis no chat após a personalização.

- Oferece uma experiência agradável que pode aumentar a
acção interactiva com a capacidade de solicitar canções.

- Fornece respostas ao utilizador se este postar e activar um
comando dentro do chat.

A lista obrigatória dos melhores chatbots a utilizar no Twitch

A função dos chats-bots baseia-se em ser uma grande ferramenta para que a interacção possa ser desenvolvida eficientemente, a tal ponto que possam ser utilizados como moderadores humanos, podem ser encarregados de encorajar o contacto com milhares de participantes que se encontram no chat, para isso pode utilizar os seguintes bots considerados como os melhores:

- **Bota da Noite**

O design deste bot é dirigido no YouTube, esta opção oferece funções importantes para lidar eficazmente com a moderação do chat ao vivo, esta é uma forma automática de aproximar a audiência, esse nível de interacção aumenta o interesse no seu canal sendo apenas o que precisa.

O funcionamento deste bot fornece um painel de controlo muito extenso onde pode personalizar os seus objectivos com paz de espírito, dessa forma terá todo o tipo de informação sobre o chat da comunidade sem problemas, estas opções de personalização geram registos de chat que são muito úteis, sem downloads e com funcionalidades gratuitas.

- **Moobot**

O Moobot é um robot com uma grande trajectória no Twitch, por esta razão é um dos mais eficientes, isto acontece graças ao facto de as suas acções serem automatizadas, para que se possa esquecer e a interacção se torne garantida, especialmente com as características que tem de tão notável.

As funções adicionais deste bot incluem a protecção contra SPAM, juntamente com respostas de chat atractivas para despertar interesse, o seu trabalho é personalizado através de comandos que respondem a todas as necessidades dos espectadores, isto através de ferramentas avançadas à sua disposição.

- **StreamElements**

O StreamElements é um programa altamente funcional que pode ser adicionado ao chat no Twitch onde é facilmente gerido e limpo, isto também é compatível com outras plataformas, desde o primeiro instante em que a transmissão ocorre, tudo está nas mãos do bot para atender a cada participante que faz parte do stream.

Entre as características do bot estão comandos e módulos para se livrar do incómodo do SPAM, para além da integração de um temporizador para penalizar outros utilizadores por qualquer irregularidade, para isso existem 30 comandos para que o chat tenha o desempenho que se espera.

- **Streamlabs**

Este bot foi conhecido como Anknbot, é um bot desenvolvido e ideal para uso em Mixer, YouTube e Twitch, a sua diferença com outros bots baseia-se no exercício de um sistema monetário, condução de sorteios, tabela de classificação, eventos, apostas, e uma variedade de funções.

As ferramentas de moderação proporcionadas por este bot são uma grande oportunidade, embora seja um sistema gratuito, é uma alternativa fiável porque incorpora importantes alternativas de formação, com esta gestão de chat pode tornar o canal mais atractivo do que se espera.

- **Deepbot**

Finalmente há o Deepbot, é postulado como um software livre dedicado a doações, para além da sua missão de moderar o Twitch chat, também trabalha para atribuir prémios aos membros da transmissão, isto materializa-se com sorteios, pedidos de canções, e qualquer tipo de dinâmica.

Um bot deste tipo tem comandos muito avançados para gerir a interacção dentro do canal, com uma ampla opção para personalizar os comandos de acordo com as suas necessidades, o sistema está na nuvem pelo que é uma grande facilidade para não haver downloads, é uma óptima forma para o canal Twitch funcionar correctamente.

O hack gratuito para Twitch.tv 2021 que precisa

Uma vez interessado em crescer e obter o hack para Twitch, não há dúvida de que esta motivação se deve à aspiração de escalar mais rápida e simples, embora seja necessário saber em primeira mão que não há hack que seja totalmente livre, mas há formas de aumentar o número de espectadores sem esforço.

- **Seguidores livres via Like4like.org**

Através do website Like4like.org pode produzir grandes aumentos de seguidores, e o melhor de tudo é que é um passo livre, onde o principal requisito é gostar de seguir outras contas ou pessoas, mas isto pode ser feito a partir de outra conta, para não dar uma má impressão e não levantar suspeitas.

Este tipo de processo não é complicado, basta executar os seguintes passos para adicionar o seu canal à lista do website:

1- É necessário registar-se no website Like4like.org.

2- Aceder a "Anúncio e gerir páginas", depois a "TwitchFollows".

3- Introduza o URL que vem do seu perfil Twitch, e introduza o que vai pagar por cada um dos seguintes, também pode introduzir uma descrição.

4- Clique em "Adicionar URL".

Uma vez completados estes passos, é necessário obter os pontos que vai trocar pelos seguidores do Twitch, isto é feito após o processo seguinte:

1- Entrar para "Social Media Exchange", e depois para "Twitch Followers".

2- É tempo de seguir os canais de outras pessoas para obter os pontos de que necessita.

Ao seguir estes passos pode obter os seguidores de que necessita para a sua conta no Twitch, o melhor de tudo é que eles são reais e não há limite para isso, além de que não corre o risco de perder a conta, estas são pessoas que também procuram fazer crescer a sua conta.

Os hacks mais bem pagos para o Twitch

É necessário esclarecer que os hacks pagos são muito mais eficientes, porque para além dos seguidores também se pode encontrar a compra de espectadores para o momento em que se faz um streaming, dessa forma um vídeo ganha mais potencial através de visitas que fazem com que a conta seja muito mais atractiva, deve considerar o seguinte

- **Twitch bot (barato)**

Através deste website obtém excelentes opções por um preço económico, onde os pacotes incluem serviços tais como visitas de vídeo, espectadores, seguidores, e também comentários ao vivo.

- **Viewer Labs (caro)**

Este outro website é um dos melhores bot para assumir o Twitch, a sua oferta é semelhante à do Twitch Bot, embora a operação seja melhor pelo realismo que proporciona, o detalhe é ter um orçamento que pode chegar, se tiver a possibilidade é um bot que qualquer pessoa gostaria de ter.

A função adicional deste bot é baseada num serviço que o aproxima dos outros serviços, para que possa testar todo o tipo de funções durante pelo menos meia hora gratuitamente, assegurando assim que é um investimento óptimo.

Pode proibir uma conta por usar hack ou bot?

Esta dúvida pode impedir a intenção de qualquer pessoa de crescer no Twitch usando hacks, mas a resposta é um retumbante "depende", a razão para isso deve saber o que faz, no caso de usar bots se eles o puderem proibir, o mesmo acontece com os hacks pagos, isto acontece porque é a acção dos bots.

Mas quando se utiliza meios de comunicação gratuitos, a conta não é proibida, isto porque os seguidores são pessoas reais, estes são responsáveis por conseguir seguidores, espectadores e comentários, pelo que não são inválidos, este é um esclarecimento surpreendente porque se pensa que ao pagar há menos riscos.

É importante ter em conta que ao usar bots ou alguns hacks para crescer no Twitch, pode atingir um número médio e deixá-lo por algum tempo até precisar dele, o essencial é usá-lo a favor da interacção, também isto ajuda a proteger-se de levantar suspeitas na equipa de segurança da plataforma.

Descobrir como aumentar e falsificar os números de espectadores no Twitch

A popularidade do Twitch deve-se em grande parte às celebridades que se formam através da transmissão da forma como jogam a partir de casa, o que não só cria fama, como também se pode ganhar milhões de dólares através do jogo e, sobretudo, com uma personalidade natural para demonstrar as suas capacidades ou novidades.

Todos querem atingir esse nível de crescimento no Twitch, porque construir um nome nesta plataforma pode ser complicado, mas há a possibilidade de ganhar milhares de espectadores sem tanta espera ou problema no meio, são as opiniões falsas, estas ajudam a sua conta a melhorar para ser atractiva para as opiniões reais.

No entanto, Twitch tem uma política muito rigorosa para lidar com a questão dos seguidores e opiniões falsas, por isso, se um utilizador for apanhado com estas práticas pode receber certas correcções, mas pode manter invisíveis esses números de opiniões para passar despercebido pela segurança.

As tentativas de hackear esta plataforma estão a tornar-se cada vez mais frequentes, pelo que deverá conhecer o software principal ou aquele que funcionou melhor para o Twitch-viewer, dessa forma poderá ter a certeza de obter números que não sejam de alto nível para não levantar quaisquer suspeitas.

Conheça os Twitch Bots de topo

- **Botão Twitch Viewer**

Chegar ao topo do Twitch requer esforços e ajuda adicional, por isso a utilização do Twitch Viewer Bot é um serviço muito útil que apresenta funções indetectáveis para cumprir o propósito de obter mais espectadores que são tão necessários para alcançar o sucesso dentro desta plataforma.

Através deste robot de visualização tem a facilidade de seleccionar o número de telespectadores que deseja obter, pode também activar o chat para que possa transmitir uma imagem real do canal, para isso o chatbot é ideal porque é responsável por escrever mensagens juntamente com os comentários como parte da interacção necessária.

Este tipo de apoio dá a impressão de que se trata de pessoas reais, especialmente quando permite ajustar a frequência das mensagens, toda a operação parece autêntica, pelo que é uma grande ferramenta para somar milhares de seguidores no canal em poucos minutos.

Ao atingir um grande número de telespectadores e seguidores atinge-se um alto nível de popularidade no Twitch, especialmente porque o bot actua como um complemento anónimo que é ignorado nesta plataforma, é considerado uma forma segura de eliminar os telespectadores falsos onde a informação é protegida por procuradores.

Não há restrições à sua utilização, isto permite-lhe utilizá-lo em seu benefício, este serviço está disponível em quatro modalidades diferentes, onde é oferecido um número específico de seguidores, espectadores e utilizadores do chat, o bronze vale $10 e é o mais barato, com 1000 seguidores, 75 espectadores e 50 no chat.

- **Streambot**

Este outro bot tem um efeito importante no Twitch, é facilmente utilizado para atingir os números mínimos necessários para começar a gerar dinheiro nesta plataforma, tudo graças ao facto de possuir uma importante base de dados de telespectadores, este website tem 2 milhões de utilizadores e 15 milhões de telespectadores diários.

Um serviço como este bot é um impulso para chegar ao topo muito em breve, dessa forma um canal pode ser amplificado e alterado com as suas características em apenas dois dias, além de ter a liberdade de personalizar o número de telespectadores que deseja e a fonte, juntamente com a frequência das mensagens que são transmitidas no chat.

Outros títulos de Red Influencer

Segredos para os Influenciadores: Influenciadores de Crescimento para Instagram e Youtube.

Segredos Práticos para Ganhar Assinantes no Youtube e Instagram, Criar Envolvimento e Multiplicar o Alcance.

Está a começar a rentabilizar no Instagram ou no Youtube?

Neste livro encontrará Hacks para aumentar o seu alcance. Segredos para Influenciadores directos e claros, tais como:

Automatizar postos Instagram

Como gerar tráfego no Instagram, truques de 2020
Algoritmo Instagram 2020, aprenda tudo o que precisa de saber.
Dicas Instagram para melhorar a interacção com os nossos seguidores
18 Formas de ganhar seguidores no Instagram de graça
Aprenda connosco a rentabilizar o seu perfil Instagram
Sítios-chave para obter rapidamente seguidores no Instagram
Instagram 2020 Tendências
Guia 2020: Como tornar-se um youtuber
Como tornar-se um Jogador Youtuber
2020 Hacks para obter mais subscritores no YouTube
Hacks para classificar os seus vídeos no YouTube em 2020
Hack for Youtube, Botão Mudar Pausa para Botão de Subscrição

Um livro com o qual verá tanto os aspectos gerais como o que é preciso para ganhar a vida com a profissão de influenciador.

Lidamos abertamente com temas como a compra de seguidores, e os hacks para melhorar a interacção. Estratégias BlackHat na ponta dos dedos, que a maioria das agências ou Influenciadores não se atrevem a reconhecer.

Na Red Influencer há mais de 5 anos que aconselhamos os MicroInfluenciadores como você a criarem a sua estratégia de conteúdo, melhorar o seu alcance e impacto em redes.

Se quiser ser um influenciador, este livro é obrigatório. Terá de desenvolver conhecimentos sobre plataformas, estratégias, públicos e como alcançar a máxima visibilidade e rentabilizar a sua actividade.

Temos experiência com Influenciadores de todas as idades e assuntos, e você também pode ser um.

Obtenha este livro e comece a aplicar os segredos profissionais a Gain Followers e Become an Influencer.

Este é um guia prático para Influenciadores de nível intermédio e avançado, que não vêem os resultados esperados ou que estão presos.

Estratégia e empenho são factores tão importantes como o volume de assinantes, mas existem Hacks para os impulsionar, neste guia encontrará muitos deles.

Não importa se quer ser um Youtuber, Instagrammer ou Tuitero, com estas estratégias e chaves poderá aplicá-las às suas redes sociais.

Sabemos que ser um Influenciador não é fácil e não vendemos fumo como os outros, tudo o que encontrará neste livro é a síntese de muitas histórias de sucesso que passaram pela nossa agência.

O Influencer Marketing está aqui para ficar, independentemente do que disser. E há cada vez mais embaixadores de marca. Pessoas que, tal como você, começaram a trabalhar na sua marca pessoal e a visar um nicho específico.

Desvendamos em pormenor todos os segredos do sector que movimenta milhões!

Poderá aplicar as nossas dicas e hacks às suas estratégias de Social Media para aumentar o CTR, melhorar a lealdade e ter uma estratégia sólida de conteúdo a médio e longo prazo.

Se outros foram capazes de rentabilizar com perseverança, dedicação e originalidade, você também pode!

Na nossa plataforma redinfluencer.com temos milhares de utilizadores registados. Um canal de contacto através do qual pode oferecer os seus serviços num mercado de revisões de marcas, e que receberá periodicamente ofertas para o seu e-mail.